【제2판】

가족상담 및 가족치료 워크북

기은광

KNOWLEDGE COMMUNITY 공동체

차 례

CONTENTS

차 례

가족상담 및 치료 워크북 활용법

1) 워크북(workbook)의 목적

본 교재는 교재보다 워크북이 본체(本體)이다. 워크북의 내용은 학습자가 스스로 채워나가기 때문이다. 학습은 책의 저자가 하는 것도 아니고 교수가 시켜주는 것도 아니다. 학생은 워크북을 한 장씩 풀어나가면서 본인의 생각을 정리하고 학습한 내용을 성찰하며, 핵심 내용을 강화할 수 있다. 워크북을 얼마나 정성스럽게 작성할 것인가는 학생 자신의 몫이다.

2) 워크북의 구성

워크북은 총 43장의 워크시트로 구성된다. 1주 수업에 대략 3장의 워크시트를 작성하게 된다. 워크시트는 학습내용의 간단한 정리나 성찰, 그 외 토론 거리 등으로 이루어진다.

3) 워크북의 작성 방법

(1) 수업 및 교재 참조

워크북 작성의 첫걸음은 수업에 참여하는 것이다. 워크북의 목적 중 하나가 수업을 "듣는" 것을 지양(止揚)하고, 학습에 스스로 참여하기 위함이다. 단순히 가르침을 받는 것이 아니라 여러분이 여러분의 삶의 '주인공'이 되는 것이다. 만약 동영상 강의를 통하여 본 교재를 활용하게 된다고 하더라도 본 교재의 내용을 그대로 쓰는 것이 아니라 그 내용을 성찰하고 자기 생각을 써 볼 것을 권장한다.

(2) 스스로 찾아서 하는 심화 학습

워크북을 작성할 때, 교재를 벗어나 스스로 탐색하기를 바란다. riss.kr 혹은 academic.naver.com, www.kci.go.kr, 학교도서관, 공공도서관에서 가족상담과 관련된 많은 정보와 책자를 찾을 수 있을 것이다. 이러한 내용까지 포함하여 워크북을 완성할 것을 권장한다.

RISS.KR　　ACADEMIC.NAVER.COM

Worksheet 01-1

1. 내가 생각하는 우리 가족 혹은 내 가족은 누구인가?

1-1. 지금 내가 가족이라고 생각하는 사람은 누구인가?

1-2. 내가 10세 때 가족이라고 생각하던 사람은 누구인가?

1-3. 같이 공부하는 학우 또는 친구 등 아는 사람에게 그들이 생각하는 가족의 범위를 물어보고 비교하여 보자.

2. 자신만의 가족의 정의(定義)를 써보자.

3. 전통적 가족과 다양한 가족을 비교하는 아래 그림을 완성해 보자.

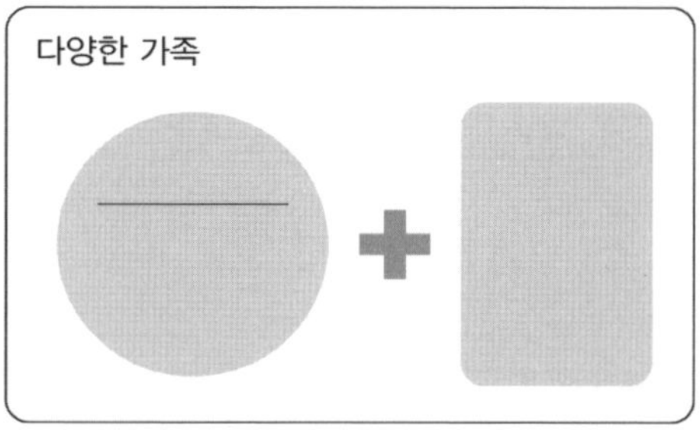

4. 지금 내가 가지고 있는 가족 혹은 친구와의 문제를 써보자.

Worksheet 01-2

1. 자신이 생각하는 지난 20년간 현대 가족 내의 변화를 기술해 보자.

가족 내에서의 변화	
가족관계의 변화	
가족 구성원 역할의 변화	
가족 가치의 변화	

2. 자신이 생각하는 지난 20년간 가족을 둘러싼 환경 변화를 기술해 보자.

가족을 둘러싼 변화 - STEEP 모델 활용	
사회 변화 Social	
기술 변화 Technical	
경제 변화 Economic	
환경 변화 Environmental	
정치 변화 Political	

3. 코로나19 이후, 가정폭력의 증감에 대한 본인의 생각을 밝혀보자.

4. 현재 가족상담을 받을 수 있는 공적 기관은 어디인지 알아보고 해당 기관에 대한 설명과 상담 내용 및 절차 등을 적어보자.

5. 아래의 흐린 글씨를 채워보자.

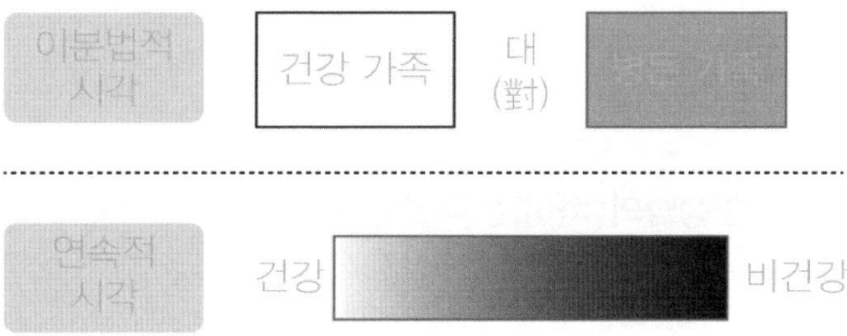

Worksheet 01-3

1. '나'는 상담이 무엇이라고 생각하는가?

2. 내담자란 누구인가?

3. '지명된 내담자'를 나만의 표현으로 부른다면(예를 들어, 사티어는 지명된 내담자를 '스타'라고 표현함) 어떻게 부를 것인가? 그리고 그 이유는 무엇인가?

4. 가족상담과 개인상담의 차이는 무엇인가?

Worksheet 02-1

1. 프로이트를 가족상담의 시작으로 볼 수 있는지에 대한 자신의 의견을 적어보자.

2. 교재를 보고 아래의 빈칸을 채워보자.

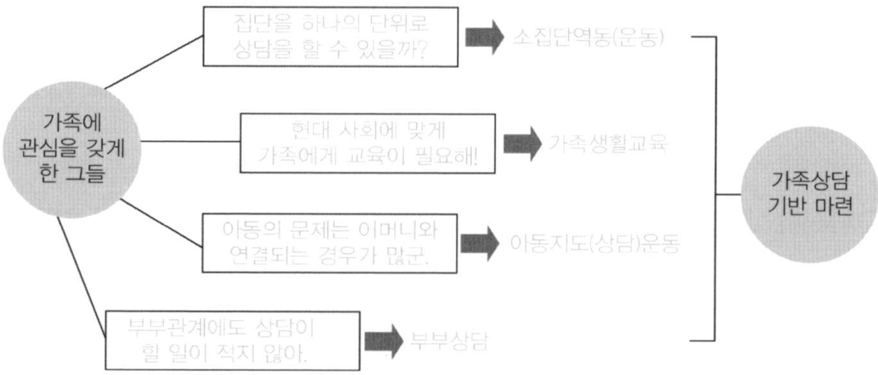

3. 조현병과 조현병 환자의 다양성을 설명해 보자. 아래 QR코드에서 「이유상 · 권준수(2011). 조현병, 정신분열병의 새로운 명칭 탄생. 신경정신의학, 50(1)」 논문을 참고하여 작성하여 보자.

4. 1950년대 가족치료는 어떤 병의 환자와 가족을 치료하면서 효과를 입증하였는데, 이 병은 어떤 병인가?

5. 1960년대 미누친이 구조적 가족상담을 창시하게 된 이유는 무엇인가?

6. 해결중심 가족상담은 누구에 의해서 생겨났는가?

7. [OX문제] 1980년대에는 가족상담을 통합하려는 움직임보다 자기 학파를 중시하려는 움직임이 강했다. (O, X)

Worksheet 02-2

1. 한국에서의 가족상담의 시작에 관해 아래의 빈칸을 채우시오.

_____(1986)에 의하면 한국에서 가족상담에 대한 관심은 1970년대 버지니아 _____의 『_________(Conjoint Family Therapy)』가 소개되면서부터이다. 한국에서 가족상담은 사회복지 및 가정학을 중심으로 관심을 갖기 시작하였다. 1972년에는 ______ 대위가 미 8군에서 가족치료를 실시한 것으로 나온다.

2. 국립중앙도서관에서 가족치료 혹은 가족상담으로 도서를 검색해 보고, 각각 몇 권이 검색되는지를 보자(www.nl.go.kr 혹은 아래의 QR코드 참고).

3. 가족상담 관련한 법을 정리해 보자.

시행 연도	법 령
1998	
2005	
2008	
2008	
2008	
기타	

4. 내가 사는 시 · 군 · 구의 가족센터 홈페이지를 검색해 들어가서 사업 및 프로그램을 살펴보자.

Worksheet 03-1

1. [OX문제] 버틀란피는 일반체계이론을 발표하여 가족이론의 발달에 큰 공헌을 하였다. (O, X)

2. 가족 경계선을 설명해 보자.

3. 가족항상성을 설명해 보자.

4. 우리집의 가족규칙을 설명하시오.

5. 내가 알고 있는 가족신화를 적어보시오.

Worksheet 03-2

1. 사이버네틱스에 대해서 설명하시오.

2. 다음은 무엇에 대한 설명인가? ________

___________란 자기조절 체계 또는 피드백체계를 말한다. 사이버네틱스란 체계가 상황의 변화에 따라 스스로 방향성을 유지하거나 자기 자신을 조절하는 체계라고 할 수 있다.

3. 가족체계에서 나타나는 사이버네틱스에 대해서 본인이 경험한 사례를 적어보자(가족에게 문제가 생겼을 때, 그 문제를 파악하고 어떻게 대처했는지 사례를 적어보자).

4. 긍정적 피드백은 가족체계에 긍정적 효과를 주는지, 그렇지 않다면 왜 그런지 설명하여 보자.

5. [OX문제] 긍정적 피드백은 체계에게 좋은, 유익한 피드백을 의미한다.
(O, X)

6. 본문 그림 3-1을 찾아서 아래 그림에 들어가야 할 글씨를 채워 쓰시오.

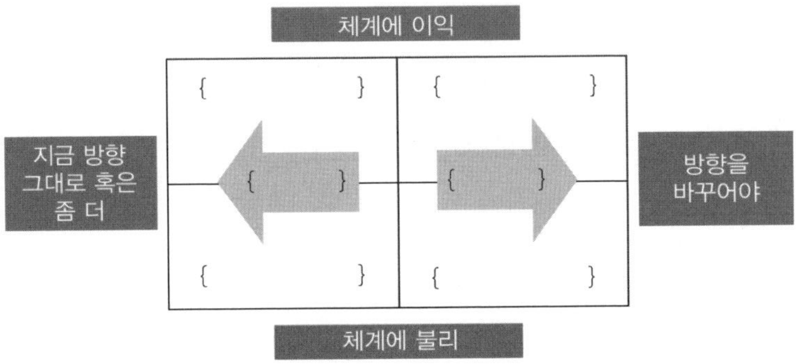

▌그림 3-1▐ 긍정적·부정적 피드백과 체계 유익 정도

Worksheet 03-3

1. 본문 그림 3-2를 찾아서 아래 그림에 필요한 글씨를 채워 넣어 완성해 보자.

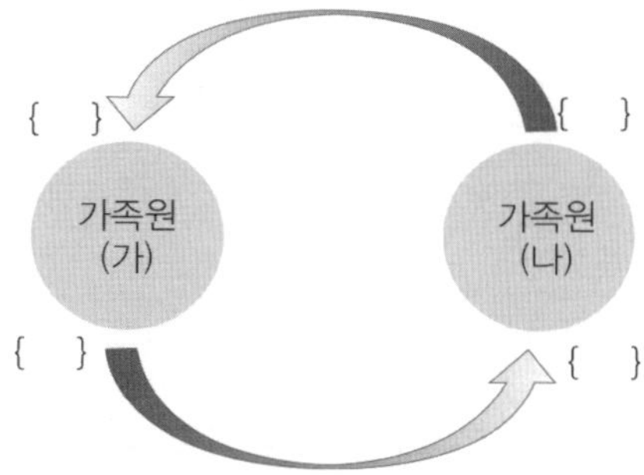

❙그림 3-2❙ 순환적 인과관계

2. 순환적 인과관계를 설명해 보자.

3. 의사소통에서 과정과 내용의 차이점을 설명하고 관련된 사례를 찾아보자.

4. 이중구속을 설명하고 이중구속의 사례를 찾아서 써보자.

5. 거짓 상호성, 거짓 적대성, 고무울타리 개념에 대해서 적어보자.

Worksheet 04-1

1. 포스트모더니즘이 무엇인지 인터넷을 찾아 정리해 보자(위키피디아 등 참조).

2. 포스트모더니즘의 영향을 받은 가족상담은 어떤 특성을 가지는지를 정리해 보자.

3. 2단계 사이버네틱스를 1단계 사이버네틱스와 비교하여 설명하시오.

4. 아래의 빈칸을 채우시오.

김용태(2009)는 포스트모더니즘과 2단계 사이버네틱스에 의한 가족상담 이론을 ________ 가족상담과 _______ 가족상담으로 보고 있다.

Worksheet 04-2

1. 내가 최근에 참석했던 뒤풀이는 어떤 것이었으며 어떻게 진행되었는가?

1-1. 뒤풀이는 어떤 행사/ 모임 후에 이루어졌는가?
(등산 등 여가활동이나 회사모임 등 어떤 모임의 뒤풀이도 상관없음)

1-2. 뒤풀이는 어떤 식으로 진행되었는가?

1-3. 나는 그 뒤풀이에서 어떤 행동을 하거나 말을 했는가?

2. 1번의 뒤풀이는 나에게 어떤 영향을 미쳤는가? 내가 다른 사람들의 생각에 대해 새롭게 안 것은 무엇인가?

3. 비고츠키의 사회구성주의를 인터넷에서 찾아서 간략하게 정리해 보자.

Worksheet 05-1

1. 인터넷 혹은 『인간행동과 사회환경』 교재에서 프로이트의 발달단계를 찾아 그 특징을 적어보자.

발달단계	특 징
구강기	
항문기	
남근기	
잠복기	
생식기	

2. 대상관계 이론에 대해서 설명해 보자.

3. 나의 어릴 적 주 양육자(주로 나를 키웠던 사람)에 대한 나의 기억과 느낌을 적어보자.

Worksheet 05-2

1. 대상관계에 대해서 설명하시오.

2. 내면화에 대해서 설명하시오.

3. 내사에 대해서 설명하시오.

4. 동일시에 대해서 설명하시오.

5. 아래의 그림 5-2를 본문에서 찾아 없어진 글씨를 채워 넣으시오.

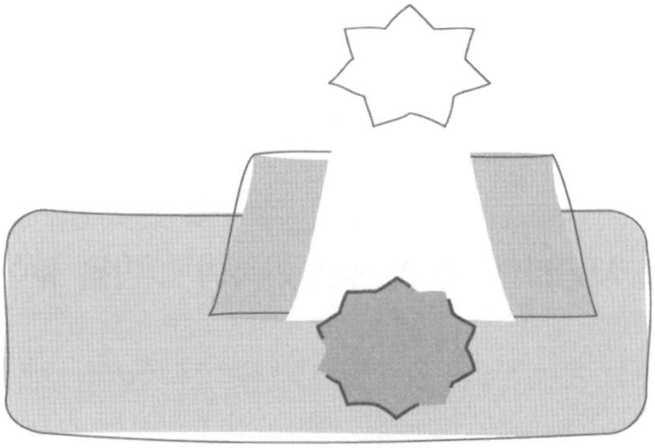

ㅣ그림 5-2ㅣ 내면화 과정의 도식화

Worksheet 05-3

1. 방어기제에 대해서 설명하시오.

2. 투사적 동일시에 대해서 설명하시오.

3. 해석에 대해서 설명하시오.

4. 전이와 역전이를 비교하여 설명하시오.

5. 경청의 기법을 사용하여, 친구 혹은 가족의 고민을 들어주시오.

Worksheet 06-1

1. 보웬이 말한 가족은 하나의 단위라는 의미는 무엇인가?

2. 개별성과 연합성을 설명하시오.

3. 자기분화를 설명하시오.

4. 분화척도를 설명하시오.

Worksheet 06-2

1. 본문에서 찾아 아래의 빈칸을 채우시오.

> ＿＿＿＿＿＿이란 자기분화가 잘되지 않은 미분화 상황을 의미한다. 다른 사람과 자기를 분리하지 못하기 때문에 만성불안에 시달리게 된다. ＿＿＿＿＿은 ＿＿＿＿＿의 또 다른 표현 형태라고도 볼 수 있다. ＿＿＿＿＿은 미분화된 가족들이 관계를 단절하고 거리를 두는 것으로 건강한 관계를 유지하지 못한다.

2. 보웬의 삼각관계의 개념을 설명하고, 우리 주변에서 이와 유사한 차례를 찾아서 써보시오.

3. 보웬의 삼각관계와 우리가 드라마에서 흔히 보는 삼각관계는 어떻게 다른지 설명하시오.

4. 핵가족 정서체계를 설명하시오.

Worksheet 06-3

1. 가족투사과정을 설명하시오.

2. 다세대 전수과정을 설명하시오.

3. 다음의 빈칸을 채우시오.

__________________이란, 가족 내에서 이루어지는 정서과정이 사회에서도 일어나는 것을 말한다. 사회에서도 불안을 처리하기 위하여 ________관계가 나타나고, 다른 구성원이나 집단에 투사를 하는 식의 문제가 발생하며, 사회문제가 심각해진다. 또한 사회적 정서과정에서 생긴 불안이나 스트레스는 가족에게 다시 영향을 주게 된다.

4. 우리 가족의 가계도를 그려보시오.

5. 나-입장을 설명하고 인터넷 등에서 사례를 찾아보시오.

6. 코칭에 대해서 설명하고, 상담과는 어떤 차이점이 있는지 적어보시오.

Worksheet 07-1

1. 가족에서 형태적 구조와 기능적 구조는 어떻게 차이가 있는지 설명하시오.

2. 일면경이란 무엇인가? 인터넷에서 일면경 그림을 검색하고 아래에 간략하게 그려보시오.

3. 미누친의 가족구조를 설명하시오.

4. 부부하위체계에 대해서 설명하시오.

Worksheet 07-2

1. 부모하위체계와 부모자녀하위체계의 차이점을 설명하시오.

2. 경계선의 개념과 명확한 경계선, 경직된 경계선, 모호한 경계선의 개념을 설명하시오.

3. 아래 그림 7-1에서 빠진 글자를 메꾸어 넣으시오.

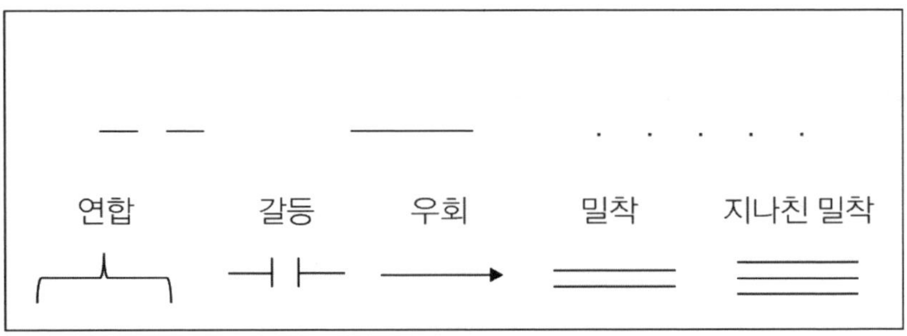

❙그림 7-1❙ 경계선의 종류 및 특징

Worksheet 07-3

1. 기능적 경계선의 침범을 설명하시오.

2. 우회연합과 삼각관계의 개념과 차이점을 설명하시오.

3. 미누친의 근접 위치의 합류에 대해서 설명하시오.

4. 실연에 대해서 설명하시오.

Worksheet 07-4

1. 내가 최근에 본 드라마나 영화, 책에서 가족 갈등이 있던 사례 하나를 골라 보자.

1-1. 그 드라마/ 영화/ 책은 어떤 내용인가?

1-2. 내가 분석하려고 하는 가족을 미누친의 구조적 가족상담에 비추어 보면 어떤 형태의 경계와 관계가 나타나고 있는가?

가. <u>경계선의 종류(명확한/ 경직된/ 모호한)</u>

나. <u>관계의 종류(연합/ 갈등/ 우회/ 밀착/ 지나친 밀착)</u>

2. 1번 가족의 가계도를 그려보자.

3. 1번 가족의 경계선 및 관계의 종류를 활용하여 우회연합이나 삼각관계를 그림으로 표현해 보자.

Worksheet 08-1

1. [OX문제] 전략적 가족상담에서 전략적이라는 말은 보웬이 사용한 것이다. (O, X)

2. [OX문제] 전략적 가족상담의 MRI는 Mental Reseach Institute를 의미한다. (O, X)

3. 헤일리가 말한 증상에는 기능이 있다는 말이 무슨 뜻인지 설명하시오.

4. 아래의 빈칸을 채우시오.

코지프스키(Korzybski)는 "______는 ______이 아니다"라고 하면서 지도는 실제 지형이 그 자체는 아니지만 지도는 실제와 구조가 유사하다고 지적하고 있다. 그러나 베이트슨(Bateson)이 지적한 대로 _____와 _____의 차이점을 간과하고 인간은 _____을 _____ 그 자체로 받아들이는 오류를 범한다.

Worksheet 08-2

1. 의사소통이 다차원에서 이루어진다는 의미를 설명하시오.

2. 제1단계 변화와 제2단계 변화의 개념 및 차이점을 예를 들어 설명하시오.

3. 가족규칙을 설명하시오.

4. 아래 표의 빈칸을 채우시오.

〈표 8-1〉 수준별 변화 정도

변화 수준	변화 내용
제 __ 단계 변화 (__ 수준 변화)	체계가 변하지 않는 ____인 수준의 변화
제 2 단계 변화 (이차 수준 변화)	체계의 기능과 ___가 바뀌는 ___ 변화

출처 : Goldenberg & Goldenberg, 2000 : 223-224; Nichols & Schwartz, 2007 : 169를 표로 정리

Worksheet 08-3

1. 역설 처방과 증상 처방에 대해서 설명하고 주위에서 사례를 찾아보시오.

2. 가장 처방의 개념과 가장 처방이 작동하는 방식을 설명하시오.

3. 시련 처방에 대해서 설명하시오.

4. 긍정적 의미부여에 대해서 설명하시오.

5. 의식(儀式)에 대해서 설명하시오.

Worksheet 09-1

1. 인본주의 상담에 대해서 설명하시오.

2. 성장모델과 계급모델의 차이점을 설명하시오.

3. 경험적 가족상담의 입장에서 어렸을 적의 경험이 왜 성인이 되어서도 문제가 되는지 설명하시오.

Worksheet 09-2

1. 사티어의 스타에 대해서 설명하시오.

2. 원가족 삼인군을 설명하시오.

3. 자존감에 대해서 설명하시오.

4. 비일치적 의사소통 중 비난형에 대해서 설명하시오.

5. 비일치적 의사소통 중 초이성형에 대해서 설명하시오.

6. 아래 그림 9-3의 빈 글씨를 채우시오.

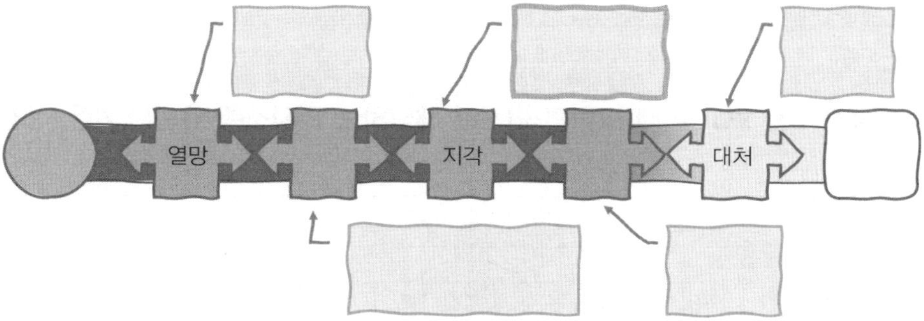

▎그림 9-3 ▎ 사티어의 경험의 여섯 수준과 자아

Worksheet 09-3

1. 그림 9-2를 보고 아래 그림의 빈칸에 해당하는 의사소통 유형을 채우시오.

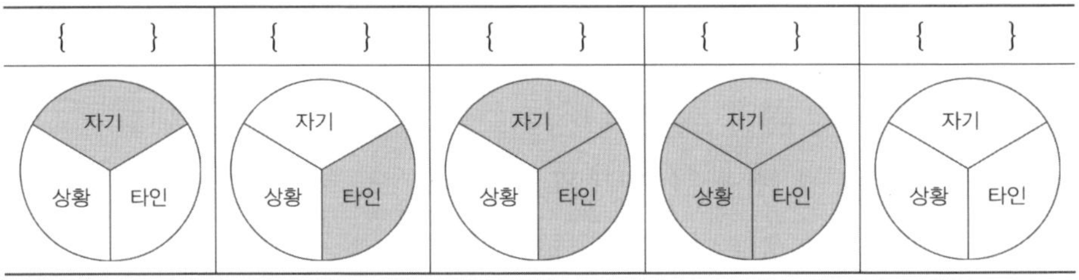

|그림 9-2| 사티어 경험적 가족상담에서의 의사소통 유형

2. 가족조각에 대해서 설명하시오.

3. 가족 재구성에 대해서 설명하시오.

4. 사티어 상담의 치료목표는 무엇인지 쓰시오.

Worksheet 10-1

1. 엘리스가 치료 현장에서 품었던 의문이 무엇인지 쓰시오.

2. 고전적 조건형성을 설명하시오.

3. 조작적 조건형성을 설명하시오.

4. 조작적 조건형성에서 '조작적'을 다른 말로 바꾸고 싶다. 어떤 말로 바꾸는 것이 좋을지 의견을 내보시오.

Worksheet 10-2

1. 그림 10-2를 보고 아래 그림의 빈 곳을 메우시오.

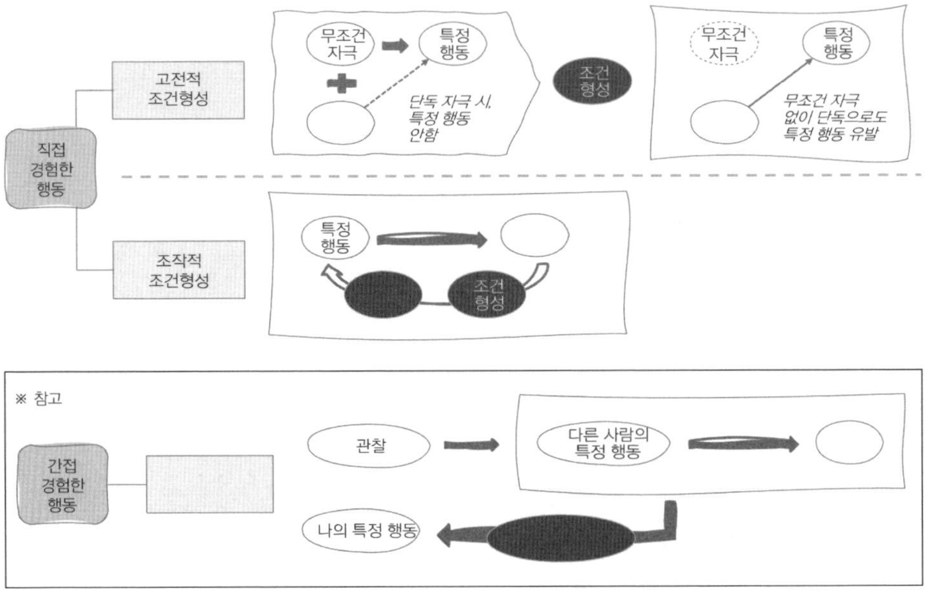

Ⅰ그림 10-2Ⅰ 고전적 조건형성과 조작적 조건형성 비교

2. 모델링을 설명하시오.

3. [OX문제] 합리적 정서행동 치료이론의 ABC에서 B는 순리를 뜻한다. (O, X)

4. [OX문제] 조작적 조건형성에서 강화와 처벌은 빈도와는 상관없이 받으면 좋은 것은 강화이고, 받으면 나쁜 것은 처벌이다. (O, X)

Worksheet 10-3

1. 체계적 둔감법에 대해서 설명하시오.

2. 소거에 대해서 설명하시오.

3. 타임아웃을 예를 들어 설명하시오.

4. 유관계약에 대해서 설명하시오.

5. 프리맥 원리에 대해서 설명하시오.

Worksheet 11-1

1. [OX문제] 해결주의 가족상담에서는 원인을 규명해야 문제를 해결할 수 있다고 한다. (O, X)

2. [OX문제] 해결주의 가족상담은 과거를 중요시하는 기법이다. (O, X)

3. 해결주의 가족상담에서 내담자가 문제에 대한 관점과 해결책을 가지고 있다는 것은 어떤 의미인가?

4. 해결주의 가족상담은 왜 사회구성주의와 연관이 있다고 하는지 이유를 쓰시오.

Worksheet 11-2

1. 해결주의 가족상담에서 문제측정보다 해결책을 강조한다는 것은 무슨 뜻인가?

2. 해결중심 "단기"상담에서 "단기"에 대해서 설명하시오.

3. 해결중심 가족상담의 치료목표를 기술하시오.

4. 버그와 밀러(Berg & Miller, 1992 : 66–82)가 제안한 해결주의 상담목표 수립 7원칙을 적어보시오.

1.

2.

3.

4.

5.

6.

7.

Worksheet 11-3

1. 해결주의 가족상담에서 고객형은 무엇인가?

2. 해결주의 가족상담에서 해결지향적 질문은 무엇인가?

3. 해결주의 가족상담에서 예외 질문은 무엇인가? 예시를 들어 설명하시오.

4. 해결주의 가족상담에서 기적 질문은 무엇인가? 예시를 들어 설명하시오.

Worksheet 12-1

1. 해결주의 가족상담에서 척도 질문은 무엇인가?

2. 해결주의 가족상담에서 대처방법은 무엇인가?

3. 이야기 가족상담을 포스트모더니즘과 관계가 있다고 하는 이유는 무엇인가?

4. 이야기 가족상담에서 외재화는 무엇인가?

Worksheet 12-2

1. 이야기 가족상담에서 '이야기'에 대해서 설명하시오.

2. 이야기 가족상담에서 말하는 '지향상태에 초점을 둔 이해방식'을 설명하시오.

3. 개인은 관계 속에서 정체성을 가진다는 의미를 설명하시오.

4. 이야기 가족상담의 치료목표를 설명하시오.

Worksheet 12-3

1. 이야기 가족상담에서 말하는 회원재구성에 대해서 설명하시오.

2. 이야기 가족상담에서 말하는 정의예식에 대해서 설명하시오.

3. 이야기 가족상담에서 말하는 '다시쓰기'에 대해서 설명하시오.

4. 이야기 가족상담에서 말하는 독특한 결과에 대해서 설명하시오.

Worksheet 13-1

1. 가족사정의 개념에 대해서 설명하시오.

2. 가족사정의 중요성에 대해서 설명하시오.

3. 가족사정에서 유의할 점에 대해서 설명하시오.

4. 질적 사정도구와 양적 사정도구의 차이점을 설명하시오.

Worksheet 13-2

1. 가계도의 개념을 설명하시오.

2. 그림 6-1을 참조하여 아래 그림이 뜻하는 상호작용의 명칭을 쓰시오.

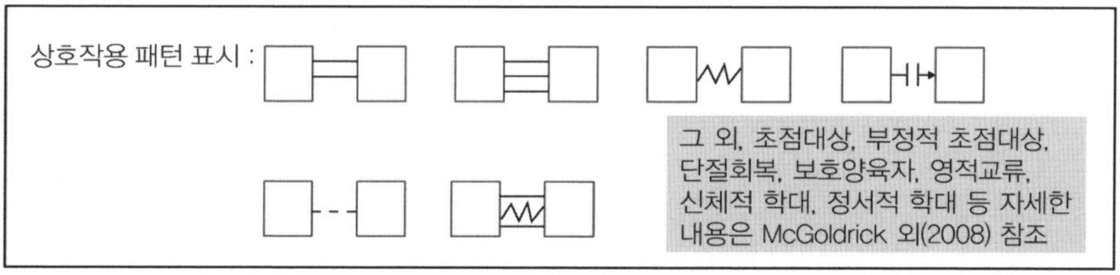

| 그림 6-1 | 가계도 주요 기호

3. 가계도 작성 시 주의할 점을 쓰시오.

4. 생태도에 대해서 설명하시오.

Worksheet 13-3

1. 가족응집성에 대하여 설명하시오. (자료는 인터넷을 검색하세요.)

2. 가족적응력에 대해서 설명하시오. (자료는 인터넷을 검색하세요.)

3. 가족이 건강하다는 것은 무엇을 말하는지 자신의 견해를 밝히시오.

4. 가족상담의 과정 중에서 접수상담에 대해서 설명하시오.

Worksheet 14-1

1 가족상담의 과정 중에서 치료관계의 형성에 대해서 설명하시오.

2. 상담과정의 구조화를 해야 하는 이유가 무엇인지 설명하시오.

3. 상담과정의 구조화 중 구조화의 내용에 대해서 설명하시오.

4. 상담과정의 구조화 수준은 어때야 하는지 설명하시오.

Worksheet 14-2

1. 가족상담의 중간 단계에서 효과적 개입 지침에 대해서 설명하시오.

2. 가족상담의 중간 단계에서 상담 기술의 활용에 대해서 설명하시오.

3. 인터넷에서 경청하기를 찾아 경청하기를 잘하는 방법을 적어보시오.

4. 인터넷에서 상담기법 중 '반응하기'를 찾아서 반응하기 기술에 대해서 설명하시오.

Worksheet 14-3

1. 가족상담의 종결 시기는 어떻게 결정하는지를 설명하시오.

2. 가족상담의 종결과정을 설명하시오.

3. 자신이 상담을 받은 경험과 그 상담으로 인한 자신의 변화 경험에 대해서 쓰시오.

4. 상담의 결과가 유지되었거나 유지되지 못했을 때, 그 이유에 대해서 적으시오.

Worksheet 15-1

1. 상담자가 지켜야 할 윤리적 의무에 대해서 설명하시오.

2. 미국 부부 및 가족 치료학회의 윤리강령 중 내담자의 책임에 대해서 설명하시오.

3. 가족상담가에게 특히 문제가 되는 윤리가 있다면 무엇인지 본인의 생각을 쓰되 그 이유를 밝히시오.

Worksheet 15-2

1. 사회복지사인 가족상담자는 어떤 경우에 비밀을 지켜야 하는가?

2. 가족폭력 상담소의 상담원은 어떤 경우에 비밀을 지켜야 하는가?

3. 나의 현재 가족에 대해서 가족상담자의 입장에서 무엇이 문제이고 어떻게 개선해야 할 것인지 그 방안을 쓰시오.

4. 이번 학기 가족상담 및 가족치료 과목을 수강하면 생긴 내 삶의 변화, 나의 가족관계 및 친구관계의 변화를 적어보자.

저/자/소/개

■ **기은광**
서정대학교 사회복지상담과 부교수
(전) LG전자 책임연구원

서울대학교 소비자아동학과 학사
서울대학교 대학원 소비자학과 석사/박사

【제2판】
가족상담 및 가족치료 워크북

|저자| 기은광

|1판 1쇄| 발행 2022년 8월 25일
|1판 3쇄| 발행 2024년 8월 30일
|2판 1쇄| 발행 2025년 2월 28일
|2판 2쇄| 발행 2025년 9월 5일

|발행인| 김동훈
|발행처| 공동체

|주소| 경기도 고양시 일산동구 호수로 358-39, 동문타워 1차 905호(백석동)
|전화| 031)814-3000(대표)
|팩스| 031)814-3100
|홈페이지| http://www.compub.co.kr
|전자우편| compub@naver.com
|출판등록| 2005년 10월 6일
|등록번호| 제396-2005-36호

|ISBN| 979-11-6725-888-5